QUELQUES IDÉES

SUR

LA RÉFORME.

PAR M. LE MARQUIS DE BELLENAVES.

De l'imprimerie de P.-A. Desrosiers, à Moulins.

SUR LA RÉFORME.

La question de la réforme est soulevée, un peu plus tôt un peu plus tard, il est impossible que la loi électorale ne soit pas modifiée. Quelles chambres, en effet, nous a données la loi qui nous régit ? Ont-elles défendu nos finances ? Les impôts se sont accrus. Ont-elles agrandi le cercle des libertés publiques ? Elles nous ont donné les lois de septembre et ont livré à l'arbitraire des préfets le droit d'asseoir , même contre l'avis des administrations communales , l'impôt énorme des chemins vicinaux ; bien plus, en leur attribuant le droit de déterminer et la direction et les points sur lesquels les travaux doivent être portés, leur simple volonté peut aggraver par la distance cet impôt sur le tems déjà si oné-reux pour le petit propriétaire. La conversion des rentes est réclamée généralement, la cham-

bre la demande , à chaque session on répond :
il est trop tôt ; elle approuve. On reporte à la
chambre les insultes du président des Etats-Unis,
elle vote vingt-cinq millions pour lui en témoi-
gner sa satisfaction. Abd-el-Kader était dange-
reux, on lui a reconnu un titre , on a agrandi
son territoire ; qu'a dit la chambre de cet étrange
traité? Quel ministère ont pu supporter nos chambres de députés ? Quels ministères ont-elles pu
former ? N'est-il pas vrai que, depuis Casimir
Périer jusques au ministère du 12 mai , la capacité ministérielle a suivi une échelle décroissante?
N'en peut-on pas dire autant de la chambre des
députés , et faire remonter cette époque de dé-
croissance jusques en 1816 !

S'il en est ainsi , il faut en chercher la cause ,
et cette cause n'est-elle pas le système électoral ?

Ajoutons qu'à chaque renouvellement de chambre, on accuse le résultat de l'élection de man-
quer de vérité. Or , que cette accusation soit
vraie ou fausse , du moment qu'elle se renou-
velle constamment, on doit en conclure qu'il
est dans la nature du système électoral de pouvoir être faussé.

Cherchons de bonne foi, sans passions, sans
préventions, sans récriminations, le remède à un

système qui , s'il n'est modifié promptement , doit nous mener à une catastrophe.

Depuis assez long-temps les opinions sont en présence. Tour à tour victorieux ou vaincus , nous sommes dans la position de ces plaideurs qui , après de longs débats, ne repoussent plus des paroles de transaction qu'il eût été impossible de leur proposer dans les premiers temps. Les passions se sont affaiblies. La société s'est modifiée. Les hommes que l'on pouvait regarder comme étant encore sous l'influence des regrets ou des souvenirs de leur ancienne position n'y sont plus, ou s'en vont, ceux qui sont encore capables d'agir ne se souviennent guère de ces anciens temps que par tradition d'enfance ; balottés d'ailleurs par les secousses de nos révolutions , ayant joué un rôle quelconque dans les affaires , ils se sont fait des positions relatives aux formes actuelles de la société. L'indemnité, en soulageant les souffrances des propriétaires dépossédés, a augmenté la valeur des propriétés dans les mains de ceux qui les possèdent maintenant, et a fait ainsi disparaître une puissante cause de divisions. Les hommes de la terreur , dont la domination passagère a causé tant de maux et de larmes , ont à peu près disparu, et si les utopies républi-

caines existent encore dans quelques têtes,
comme elles n'ont été cause d'aucune attaque
contre les personnes, rien ne s'oppose à ce qu'on
se parle sans aigreur, à ce qu'on discute ses opinions avec calme, à ce qu'on examine s'il est
un point sur lequel on puisse s'entendre, s'il est
un terrain neutre qui puisse, personne n'en
étant exclu, servir de champ pour l'ouverture
d'une discussion dans laquelle les hommes de
bonne foi chercheront les termes d'une transaction qui assure enfin à notre pays repos, pros-
périté et dignité, ce qu'on n'obtiendra jamais
par la défiance et l'exclusion.

Quelles que soient les préventions qui peuvent exister dans quelques esprits contre ce qui
va suivre, je demande qu'on veuille bien les écar-
ter pour un moment, et accordant quelque bien-
veillance à celui qui trace ces lignes, suivre jusques au bout ses réflexions. Il les présente avec
l'entière conviction que le système qu'il déve-
loppe est le seul qui permette d'étendre à tous le
droit électoral, en assurant que l'exercice en
sera sage et libre.

Deux systèmes sont en présence : l'élection
purement directe, et l'élection à plusieurs degrés.

Parmi les partisans de l'élection directe, les

uns veulent un monopole plus ou moins restreint, les autres veulent étendre à tous le droit
d'élire.

Du moment où le système de l'élection directe
a prévalu, on a été effrayé du danger de ses résultats, on a cherché à l'atténuer en diminuant
le nombre des électeurs, en ne reconnaissant le
droit d'élire qu'aux plus riches, comme étant
plus éclairés et donnant plus de garanties. En
1830 on a agrandi le cercle par méfiance contre la grande propriété, on parle encore de l'a-
grandir, d'y ajouter ce qu'on appelle les capacités. On modifiera, on agrandira, on dimi-
nuera, le système sera toujours vicieux, toujours
aveugle, toujours plus aveugle à mesure qu'on
l'étendra, complétement absurde si on l'étend
à tous, et ayant, si on restreint le nombre des
électeurs, le caractère de monopole, de privi-
lège, d'aristocratie bâtarde.

Supposons tous les contribuables électeurs et
par conséquent éligibles, l'un marche avec l'autre. S'il y a 8 millions d'électeurs pour nommer
400 députés, 20,000 électeurs en nommeront
un. Combien sur ce nombre seront susceptibles
de connaître, d'apprécier ce qu'il faut pour
faire un bon député? Si dans une semblable
réunion vous demandez : Qu'est-ce qu'un dé-

puté ? quelles qualités sont nécessaires pour une telle fonction ? *C'est un homme que nous allons nommer pour faire des lois à Paris*, vous répondront les plus sensés. Que vous répondra un autre ? *C'est un homme pour faire refaire notre clocher; c'est un homme pour ôter les impôts; c'est un homme pour faire partager le bien des riches ; c'est un homme pour faire faire mon fils prêtre, pour me faire nommer maire ?* Que sais-je. Toutes les billevesées qui leur seront présentées par les ambitieux ou leurs agents ; les bonnes gens les adopteront, cela est tout naturel, car là où il ne fait pas clair, on ne repousse pas la première main qui se présente pour vous guider. Les 20,000 électeurs seront divisés en plusieurs colléges, au moins vingt. Combien de noms viendront au ballotage ? Et pour choisir parmi ces noms, quels moyens ? Chacun publiera sa profession de foi. Faites devant des hommes plus éclairés, que sont-elles devenues ? Nous avons eu plus, nous avons eu des opinions de députés valant profession de foi, ouvrant pour entrer au ministère la porte dont l'opposition a la clef. Qu'ont-elles prouvé ? Que prouveront des professions de foi faites devant des masses auxquelles seront inconnus les charlatans qui les leur jetteront à la tête, et les trouveront d'autant plus disposées à les croire, qu'ils promettront les choses les plus extravagantes?

Tout cela a été senti ; aussi l'on répond à ceux qui veulent le droit commun et l'extension à tous du droit de voter : *Vous êtes des fous ou des imprudents.* On a raison, si on demande l'élection directe avec le droit universel.

C'est bien, ainsi qu'il a déjà été dit, pour éviter ce danger, qu'on a restreint plus ou moins le nombre des électeurs. Mais examinons si, même sous la loi des trois cents francs, l'élection directe était un système sage, raisonnable, éclairé.

Un électeur qui n'a jamais quitté son pays, ou ne l'a quitté que pour des affaires de peu d'importance, qui est resté circonscrit dans le cercle étroit des affaires privées, est-il en état d'apprécier avec connaissance de cause les qualités nécessaires pour traiter utilement les questions de haute administration, de finance, de gouvernement, et surtout de relations extérieures, n'est-il pas facile qu'il se laisse éblouir par le jargon d'un de ces hommes qui cachent sous des paroles redondantes le vuide le plus complet, ou, ce qui est pire, le jugement le plus faux. Certes, il est quelques hommes qui sont capables de juger, mais seront-ils écoutés, ou donneront-ils un bon conseil ?

En général, deux choses dirigent les électeurs : l'intérêt de parti et l'intérêt personnel.
L'un et l'autre sont aveugles, et l'influence de
ces deux mobiles est d'autant plus grande qu'elle
est moins contrebalancée par l'organisation du
corps électoral. Or, l'élection directe leur laisse
le champ libre. L'intérêt de parti élira des hommes sur leur réputation souvent due à un écrit
isolé, à un mot, à un hasard, à une démonstra-
tion d'opinion sans mesure. La capacité d'affaires
n'y sera pour rien. L'intérêt individuel élira celui
qui promettra plus de faveurs locales ou person-
nelles, un ami, un cousin surtout. L'électeur se
dit : *Qu'importe ? il y en aura toujours d'assez ha-
biles, celui à qui je donnerai ma voix les suivra. Il
me connaît, il me sera utile, il placera mes en-
fans, fera réparer mon chemin, l'église ou la maison commune ; d'ailleurs, j'ai toujours bien vécu
avec lui ; ah ! j'oubliais, il est mon parent, cela
fait toujours honneur à une famille.* Si l'électeur a
des prétentions à la députation, et que ses chances
ne soient pas encore arrivées, il s'en ménagera
pour l'élection suivante, en appuyant la nomination d'un député dont l'incapacité rende la
réélection improbable.

Ainsi se compose une chambre où quelques

hommes hors ligne s'élèvent isolés au-dessus
d'une foule incapable dont les décisions roulent
incertaines d'un système à un autre, les brisant
par des votes isolés ou incidents, favorables aux
ministères si les résultats ont été préparés, con-
traires s'ils sont la conséquence d'un amende-
ment souvent absurde, jeté au hasard, favo-
risé par l'absence, le sommeil, ou un entraîne-
ment dont on serait embarrassé de deviner la
cause.

Pense-t-on obtenir mieux en abaissant le
cens; mais, plus on l'abaissera, plus on appro-
chera de ce vote tumultuaire dont nous avons
parlé; plus la position sociale des électeurs re-
trécira le cercle de leurs habitudes, moins ils
auront les connaissances nécessaires pour juger de
ce que doit être un député; et si l'élection directe
restreinte est aveugle, l'élection directe étendue
le sera bien davantage. Si l'on croit mieux faire
en resserrant le cercle, les choix de 1827 ré-
pondent. Les grands colléges eussent-ils fait
les choix de cette époque, s'il n'était de l'essence
de ce système électoral d'être aveugle?

On propose comme une amélioration l'intro-
duction de ce qu'on appelle les capacités. Qu'est-
ce qu'une capacité? C'est celui qui a le droit

d'avoir dans son portefeuille un diplôme certi-
fiant que le porteur peut exercer la médecine,
ou plaider devant un tribunal. Mais, je le demande : sur le vu de ce certificat, le plus zélé
partisan des capacités livrera-t-il sa santé ou sa
fortune à l'avis de celui qui le porte ? Il voudra
de plus, je pense, s'assurer des moyens du médecin ou de l'avocat par des informations spé-
ciales, si déjà la voix publique ne lui a donné
des motifs de confiance. Et l'on veut qu'un certificat qui ne prouve pas ce qu'il est destiné à
prouver, prouve que celui qui le porte sait ce
qu'il faut pour faire un bon député !

On a proposé d'étendre le droit électoral à
toute la garde nationale. Le défaut de base naturelle a fait penser à celle-ci. Mais qu'est-ce que
la garde nationale ? C'est la réunion sous une
forme militaire des citoyens qui ont quelque
chose à perdre. Pourquoi ne pas dire de suite :
Tous ceux qui ont quelque chose à perdre, ou au-
trement, *tous les contribuables sont électeurs.*
Cela est plus simple. Si d'ailleurs on se restreint
à la garde nationale, on repousse les hommes
que leur age ou leur infirmités en excluent. Or
de quel droit repousserait-on un homme parce-
qu'il lui manque un bras ? En aura-t-il moins

bonne tête? Parce qu'il a 60 ans , connaîtra-t-il
moins les hommes ? Puis il y a toujours danger
à accorder à un corps armé des droits politiques.
Et si dans l'avenir il plait à l'accord des deux
chambres et du roi de restreindre le nombre des
gardes nationaux, de concentrer l'institution, si
même cela plaît à la chambre des députés qui
déjà a bien concentré la pairie, qui a défait et
fait des rois, nous aurons un corps spécial entre
les mains duquel seront les armes et les votes.
Puis encore pendant les temps tranquilles, l'inu-
tilité du service fera toujours tomber en désué-
tude cette institution dans un grand nombre de
localités; il faudra réformer la garde nationale
pour les élections , les conseils de recensement
nommeront ainsi le corps électoral. Ne semons
ni principes d'anarchie, ni principes de despotisme.

Certes le simple enoncé: *Tous les contribuables
sont électeurs*, est préférable à celui : *Tout garde
national est électeur*. Cependant nous avons vu
que dans le cas de l'élection directe, la théorie de
vote universel est dangereuse , impraticable , et
qu'il est impossible d'en calculer les chances.

Il est juste néanmoins que tout homme qui
concourt aux charges de l'état, concourre au choix

de ceux qui doivent les imposer, et éclairer le sou-
verain sur les besoins des peuples, ainsi que sur
leurs véritables ressources.

Ici nous en appelons de nouveau à la bien-
veillance de ceux de nos lecteurs qu'une opinion
différente de la nôtre disposerait à nous écouter
avec quelque défaveur , et nous les prions de ne
pas se préoccuper de la pensée que ce que nous
voulons c'est l'intérêt d'un parti, c'est son triomphe. A l'époque où nous sommes venus, il ne
s'agit plus du triomphe d'un parti. On nous a
appelés vaincus ,, on a cherché à nous anni-
hiler par la loi électorale , par l'exigence d'un
serment absurde sous le principe qu'on a pro-
clamé, on nous a traités avec un superbe dédain:
Soit. Si nous ne sommes rien dans l'état, pourquoi
nous craindrait-on? Pourquoi nous fermerait-on
l'entrée des affaires? Eh bien , on nous a rejetés
dans les rangs des ilotes. Qu'on appelle notre
conduite, faiblesse, impuissance, ou sagesse et
raison , il importe peu. Avons-nous géné la
marche gouvernementale? Avons-nous mis obs-
tacle aux développements de la révolution de
juillet? A l'exception du mouvement vendéen,
élan généreux d'une population dont le cœur a
emporté la tête , et auquel est venue s'associer

une princesse dont le courage de mère devait y répondre, les royalistes ont regardé faire. Partout refusant une position personnelle dans les affaires, on les a trouvés disposés à concourir aux choses utiles pour le pays. Ce n'est pas d'ailleurs lorsque les fortunes se sont nivelées comme nous le voyons, lorsque des hommes se sont distingués dans toutes les classes , lorsque l'instruction est partout, lorsque la nature des propriétés est la même pour tous , qu'une classe d'hommes peut prétendre à la domination, qu'une classe d'hommes peut être long-temps dominée. Bien niais sont ceux qui peuvent l'espérer ou le craindre.

Non ; après d'aussi longues discordes ce que nous recherchons , c'est le triomphe des principes sociaux, ce n'est point le triomphe des hommes , et nous espérons convaincre que telle est notre intention si on veut nous suivre jusqu'au bout.

Les Français sont égaux devant la loi, quels que soient d'ailleurs leurs titres et leur rang, dit le premier article de la Charte. On proclame cet article comme la plus fondamentale des bases sociales.

Cela posé , qu'ont dit ceux qui se portent pour les plus zélés soutiens de nos révolutons? *Une partie de la population est trop stupide pour exercer les mêmes droits que nous. Rejetons-la hors du cercle des affaires.* C'est bien. *Une autre partie de la population a par sa fortune et la consi-dération dont jouissent quelques-uns de ceux qui la composent, la possibilité d'exercer une influence qui gênerait la nôtre. Composons nos collèges elec--toraux de manière à ce que cette influence y soit paralysée; fermons-lui-en l'entrée par des exigences qui la repoussent.* C'est encore très bien.

Mais cependant si on eut voulu raisonner et agir avec justice et bonne foi, n'eût-il pas été mieux de dire : *Cherchons un système dans le-quel le concours n'étant fermé à personne, il ne soit donné à personne de dominer les autres, si ce n'est par son mérite, si ce n'est par des services rendus; un système qui proportionnant aux lumières de chacun ce que lui demanderons, approche au-tant qu'il sera possible de la vérité dans les inten-tions, atténue la force de l'intrigue, et rende l'en-trée aux affaires difficile pour ceux dont elle est tout le mérite.*

Nous avons dit qu'en général deux mobiles étaient puissants dans les élections , l'intérêt de parti et l'intérêt individuel. Cherchons un sys-tème dans lequel l'intérêt de parti compte pour aussi peu que possible, et dans lequel l'intérêt individuel immédiat combatte l'intérêt individuel éloigné. Je m'explique : L'électeur qui nomme un député est ntéressé à ce que ce député lui soit utile, il s'aperçoit à peine quelles conséquences probables pour sa personne peuvent résulter des inconvénients qu'auront pour la chose publique les défauts de celui qu'il élira. Peut-être, s'il est vendu au ministère, votera-t-il trop libé-béralement le budget ? Peut-être en résultera-t-il pour l'électeur vingt francs d'impôts de plus ; mais si son fils obtient une bourse dans un collége, en quatre ans il aura mille francs de plus économisés, cinquante francs de revenu à toujours, il ne pense plus aux vingt francs d'impôts. Si l'électeur nomme un membre du conseil municipal, il sait que de la mauvaise composition de ce conseil peuvent résulter pour lui, pour la commune, des vexations, des tracasseries, des déprédations, que de la bonne composition peuvent sortir des réparations utiles, des améliorations, de bons établissements, l'économie dans l'emploi des fonds. Il sait qu'en nommant un membre du conseil municipal il lui donne des chances pour la mairie, et s'il nomme un tracassier, un usu-rier, un homme de mauvaise foi, il sait qu'il s'expose à des contrariétes, à des rapines, à des

2.

tromperies ; les probabilités sont qu'il nommera
un homme éclairé , probe et bienfaisant. Ce ne
sera pas toujours , l'intrigue pénètre partout ,
mais nous parlons élections , une élection est
un jeu; il y faut chercher des chances favorables,
pour des certitudes, jamais.

Il semble que le système dont il va être question résout ce problème de l'extension du droit
d'élire à tous les contribuables combinée de
telle manière que le vote de chacun sera émis avec
pleine connaissance de cause , et que les mauvaises passions seront autant que possible com-
battues par l'intérêt du votant.

Tous les contribuables de chaque commune
(il serait peut-être mieux de dire tous les chefs
de familles contribuables) seraient appelés à
nommer le conseil municipal. Je dis, *les chefs de*
famille seraient mieux, parce que cette concentra-
tion qui n'est point contraire au droit commun
conserve au chef la position de représentant
naturel de la famille, parce qu'il en résulte qu'une
famille n'a point avantage sur une autre , parce
que là est une idée morale, une idée constitutive
de la société. Je dis et ceci est très important,
tout contribuable concourra au choix du conseil
municipal , Je ne dis pas *concourra au choix des*

électeurs, parce que dans l'élection d'un électeur, aucun intérêt personnel ne vient contrebalancer l'esprit de parti, l'intrigue, la camaraderie et les tripotages. Faisons élire pour des fonctions dont la réaction opère de la manière la plus immédiate possible sur les intérêts de celui qui élit, si nous voulons atténuer les moyens par lesquels on peut égarer son jugement, et altérer la vérité de l'élection.

Lorsque les dangers ou les avantages d'un acte dépendant de la volonté de l'homme tiennent à une cause prochaine, au moral comme au physique, une sorte d'instinct naturel l'avertit. Sauf ces moments où la passion voile la vue du péril, il ne lui faut pas de réflexion pour éviter de poser le pied sur une pierre roulante, ou baisser la tête sous la branche qui la menace. Cette réflexion amène à cette conséquence que, pour avoir un avis utile et aussi juste que le comporte l'organisation de l'individu, il faut disposer les choses de manière à ce que son intérêt personnel immédiat soit, autant que possible, en conformité et lié avec l'intérêt public. Or ici son intérêt est le même que l'intérêt public, en exceptant toujours les mauvaises passions et les moments de trouble.

Mais on nous dit : «Vous voulez cela pour votre intérêt, parce que vous calculez sur les influences de chateau et de clocher.» D'abord tous les royalistes ne sont pas dans les châteaux, puis tous les châteaux ne sont pas habités par des royalistes. Mais pourquoi les royalistes le nieraient-ils? Oui, ils veulent avoir leur part d'influence comme tous les autres, et pourquoi non? Tous les Français ne sont-ils pas égaux devant la loi? De quel droit maintiendrait-on exclus des affaires ceux qui peuvent obtenir cette influence? Ne payent-ils pas leurs impôts comme les autres! Sont-ils exempts de la conscription, de la prestation, du service de la garde nationale? Ne savent-ils pas lire, écrire et compter? Ne sont-ils pas agriculteurs? Ne n'associent-ils pas à l'industrie? Eh bien, oui, ils auront de l'influence, mais ils l'auront si leurs fermiers ou leurs métayers ne sont pas écrasés par leur exigence, si leur bourse n'est fermée ni au journalier qui cherche du travail, ni à l'infirme et au vieillard qui ne peuvent travailler, si le prêt du blé ou de l'argent n'est pas de leur part un moyen de s'emparer par l'usure de la propriété du voisin, s'ils sont justes dans leurs transactions, utiles à tous, aux faibles comme

aux forts , au corps commun comme aux indivi-
dus. Oui, ils en auront à ce prix, mais à tout autre
ils n'en auront pas. Or à qui le système proposé
refuse-t-il ces moyens d'influence? Sont-ils im-
moraux ? Sont-ils illégaux ? Rivalisons à qui les
emploiera le mieux, et certes si ce système pouvait amener les hommes aisés à rivaliser ainsi,
il aurait fait faire un grand pas vers le bonheur
du peuple.

Et quant à l'influence du clocher ! mais encore
où serait le mal si le clergé faisait nommer quelques hommes dont les principes religieux garan-
tissent la conduite? Et quelle autre influence
veut-on qu'exerce un curé sans fortune , payé
par l'état comme un garde-champêtre , et moins
rétribué qu'un maître d'école , à notre époque
si peu religieuse, si méfiante sous ce rapport?

Mais ce n'est pas là le mot véritable , j'ai lu
quelque part : *Les villes sont plus éclairées que
les campagnes, il faut leur conserver leur prépon-
dérance.* Voilà encore de l'égalité révolutionnaire!
Et nous nous disons : les droits des campagnes
sont égaux à ceux des villes, nous somme las du
despotisme de Paris , et ne voulons pas davantage du despotisme des villes de province.

Maintenant que nous avons dit quelle influence recherchent les royalistes et à quel prix, examinons quelles sont ces chances dont on s'effraye. La statistique des communes répondra: on ne trouvera guère de châteaux dans la moitié des communes, et beaucoup ne sont pas habités par leurs propriétaires. Ainsi voilà déjà cet immense péril des châteaux bien diminué. Mais encore, comme ce ne sont pas les châteaux qui votent et que ce sont ceux qui les habitent, un grand nombre n'est-il pas occupé par des électeurs partisans du juste-milieu , ou même de l'opinion républicaine ; et dans les communes où sont les châteaux, combien de maisons qui, sans avoir la forme ou la qualité d'avoir été manoir féodal,sont habitées par des propriétaires dont la fortune leur permet de rivaliser avec l'habitant du château , auxquels les mêmes moyens d'influence sont ouverts et qui même ont sur lui l'avantage d'une plus grande fortune, ou celui de rapports plus habituels avec la masse des électeurs, s'ils s'occupent d'une manière plus spéciale des travaux agricoles.

Ainsi le champ est ouvert à tous ; mais il n'est fermé pour personne. Nous ne le nions point, des hommes de notre opinion entreront dans les conseils municipaux ; mais il en est entré déjà,

ceux auxquels le serment n'a paru qu'une barrière de mauvaise foi l'ont franchie ; ils ne sont
blâmés ni par leurs amis politiques, ni, je l'espère,
par ceux qui avaient posé la barrière. S'en trouve-
t-on plus mal dans les affaires des communes ?
L'administration regrette-t-elle qu'ils y soient
entrés ? Je ne le pense pas. Au surplus, on a
fondé le nouveau gouvernement sur le principe
de la souveraineté du peuple. Comment connaître la volonté du peuple, si ce n'est en comptant
toutes les voix ? Si une voix est exclue, le principe est faussé. On fausse donc le principe si on
fausse l'élection, et on fausse l'élection si on
n'ouvre la porte au vote des campagnes comme
au vote des villes.

Je dirai plus, veut-on arriver à la vérité dans
les villes ? Groupons les électeurs par intérêts
analogues, et que chacun de ces groupes nomme au conseil municipal un nombre de conseillers proportionnel à sa force numérique ou au
montant de ses impôts, ou en raison de ces deux
bases combinées. Alors on aurait la certitude
que tous les intérêts pourraient faire entendre
leurs voix, et que les électeurs nommant dans un
intérêt personnel, positif, et bien connu,
pourraient mieux apprécier les qualités utiles,

fermeraient l'oreille à l'intrigue et au charlatanisme.

Allons plus loin :

Les conseils municipaux ainsi formés nommeraient chacun un ou plusieurs membres d'un
conseil qui serait ou celui d'arrondissement ou
celui de canton. On ne discutera pas ici entre la
conservation de l'organisation actuelle et la sup-
pression des conseils d'arrondissement dont l'é-
tablissement des conseils de canton serait la con-
quence , cependant , l'agglomération des communes par canton semble être la plus naturelle.
Les conseillers municipaux nommant pour la dé-
fense des intérêts qui leur sont confiés, devront
probablement choisir celui qui aura montré le
plus de lumière dans la discussion des affaires.
Ils sauront que s'ils envoient un homme capable,
les chances seront favorables pour la commune,
que ces chances seront augmentées si leur élu
sait se rendre agréable à ses collègues, et obtenir par de bonnes manières ce qu'il ne pourra
obtenir par de bonnes raisons, que ces chances
seront faibles si on envoie un homme incapable
de discuter, tracassier, désagréable pour ses
collègues. Ajoutons qu'une commune agricole
enverra un homme dont les idées seront favora

bles à l'agriculture et surtout à la culture domi-
nante; une commune industrielle enverra un
homme au courant de l'industrie. De partout
on enverra probablement des hommes pris dans
le sein du conseil municipal, ou déjà au courant
des affaires de la commune. Ainsi, tous les intérêts principaux se trouveront représentés au
conseil immédiatement supérieur à celui de la
commune ; ainsi, les contribuables en nommant
les électeurs, auront désigné les éligibles.

Si maintenant on compose le conseil de département d'hommes nommés par les conseils dont
nous venons de nous occuper, ici encore, et plus
que jamais la passion se trouvera combattue par
l'action des intérêts. Là encore se trouveront en
concurrence des hommes connaissant déjà les
affaires, des hommes spéciaux, pour représenter
les diverses sortes d'intérêts, et probablement
cent qui seront élus représenteront les intérêts
dominants de chaque arrondissement ou canton.

Qu'on me dise si jusqu'ici la porte est fermée
à une opinion, à une classe, à une capacité avec
ou sans diplôme, mais réelle ? Pourquoi sorti-
rait-il de ce système plutôt l'homme du château
que celui de la maison bourgeoise, que celui de
la chaumière ? Pourquoi plutôt un agriculteur

qu'un manufacturier, plutôt un artisan qu'un
avocat ou un médecin ? Les chances iront à celui
qui saura le mieux se faire bien venir de tous,
qui leur prouvera par ses œuvres qu'il est le plus
habile, par son zèle et son désintéressement que
le bien public passera avant son intérêt privé,
et que si les suffrages de ses concitoyens doivent
contribuer à lui faire prendre une position plus
élevée dans les rangs de la société, il le devra à
des services rendus, et non à des services vendus.
Sa conduite aura promis plus que des professions
de foi et des réponses mensongères à des inter-
pellations humiliantes, mystifications dont les
électeurs réunis sont si facilement les dupes.

S'il est probable que les conseils-généraux de
département auront été ainsi bien composés, il
l'est qu'une assemblée nommée par ces conseils
le serait également. Mais arrêtons-nous ici.

L'immense puissance de Paris pèse sur la
France, ainsi l'ont voulu ceux qui, pour disposer de ce beau pays, ont calculé avec raison
qu'il était facile d'halluciner Paris, et de l'em-
ployer à l'asservissement des provinces. Ils ont
déchiqueté la France en parcelles trop faibles de
population, de fortune et d'importance, pour
qu'elles pussent contrebalancer ce colosse qui

s'accroît en raison de sa puissance, et qui devient puissant en raison de son agrandissement. Les affaires d'un département ne sont pas d'ailleurs assez importantes pour qu'un homme qui se sent capable de plus soit satisfait du rôle qu'il y joue, il veut aller plus haut. Agrandissons le cercle et l'importance des affaires, et bien des ambitions raisonnables se contenteront du rôle qu'elles y pourront jouer, et l'influence de Paris ne sera plus un pouvoir despotique. Ainsi est venue l'idée de grouper les départements, et, sans leur ôter leur individualité, de former des provinces dont la force et l'étendue seraient déterminés par la combinaison de la population et du montant des contributions directes.

Des conseils seraient nommés pour occuper dans les provinces une position analogue à celle des conseils-généraux de département, dont les membres les éliraient. Certes, toutes les chances seraient réunies pour que les choix tombassent sur des hommes spéciaux, des hommes d'affaires; ils seraient destinés à traiter des affaires dont s'occupent ceux qui les nommeraient, dont ils sont responsables envers leurs concitoyens. Les intérêts s'agrandissant commenceraient à approcher de la proportion des affaires d'état; les idées de ceux qui les conduiraient grandiraient aussi , et les hommes qui sortiraient de là pour arriver à une assemblée centrale ne seraient pas , comme aujourd'hui , des hommes nouveaux dont l'éducation en affaires et en politique se fait aux dépens du pays qui , pendant deux ou trois ans, supporte les erreurs de votes incertains et de bévues. Ce serait déjà un noble but d'ambition que celui de se distinguer dans les conseils d'une province , cette ambition ne serait pas hors de proportion avec la position naturelle d'un grand nombre de personnes , tandis que maintenant il faut monter si haut du premier bond , que l'es-poir de satisfaire une ambition aussi désordon-née lance en avant les casse-cous , et éloigne l'homme sage qui ne présume pas à ce point de ses forces avant de les avoir éprouvées.

Enfin , la chambre des députés serait nommée par les conseils de province. Choisis par les hommes déjà occupés de grandes affaires , mûris eux-mêmes par le temps passé dans chacun des conseils dont nous avons parlé, les dé-putés arriveraient avec des connaissances ac-quises , avec l'habitude de la discussion et de l'application. Tous ne seraient pas des hommes transcendants , ils sont rares , mais au moins ne

verrait-on pas une foule de médiocrités ambi-
tieuses débutant dans le monde par une position
qui met dans leurs mains le sort de la France ,
peut-être de l'Europe , faire sur notre pays l'ex-
périence de leurs théories fantastiques', et se
jouer de nos fortunes et de notre existence au
profit de leur ambition et de leur cupidité.

La progression serait probablement lente, il
est vrai. Un tel système est peu satisfaisant pour
ces têtes ardentes et vaniteuses qui s'estiment va-
loir plus que toute autre , et regardent comme
une injustice, comme une chose pitoyable, tout
système qui peut les entraver dans leurs projets
ambitieux. Mais où serait le malheur pour le
pays ? On veut, ce me semble , que l'entrée des
emplois soit ouverte à tous , et non qu'elle soit
plus facile pour l'intrigue et le charlatanisme
que pour le mérite utile et pour le dévouement
modeste. Rien n'empêche d'ailleurs qu'un homme
marquant ne parcourre rapidement tous les degrés, et les intrigants peuvent se tranquilliser ,
il y aura bien toujours quelque porte entre-
baillée , ils en sauront profiter.

Un tel sytème est susceptible de longs développements. L'émancipation du pays s'y sattache,
la décentralisation en est la conséquence , les li-

bertés locales en doivent sortir, mais il suffit
d'indiquer ici le mécanisme principal. :

Election successive de corps-destinés aux affaires.

Attribution aux membres de ces corps de la
nomination aux emplois du degré immédiatement supérieur.

Ainsi, l'homme élu par la fonction et électeur
parce qu'il a la fonction, élisant pour une fonction dont l'exercice réagit immédiatement sur
ses propres intérêts, ou sur ceux dont il supporte
la responsabilité.

Ainsi, l'intérêt personnel mis en opposition
avec la passion et l'esprit de parti, tandis que
dans le système de l'élection directe il leur est
favorable.

Par conséquent, le plus de moralité et de vérité possibles dans les choix.

Admission de tous.

Exclusion pour personne.

Tel est le but auquel tend le système proposé.

Avec une organisation ainsi faite, avec une
chambre aussi forte, aussi bien appuyée sur le
pays, ne craignez ni les intrigues ministérielles,
ni le despotisme, ni l'anarchie. Si quelque chose
est à craindre, c'est qu'une telle chambre n'ait

trop de force contre le pouvoir royal; mais qu'on refléchisse que , formée ainsi , elle aurait un caractère de sagesse que n'aura jamais une chambre de premier jet, si je puis m'exprimer ainsi , dont les membres se hâtent à l'arrivée de se prosterner devant le ministère pour profiter du tems, et flattent sur les fins les passions électorales pour s'assurer la réélection. Les formes de délibération pourraient encore assurer plus de sagesse et de mesure , et la division du budget en budget normal, et budget extraordinaire assurer la vie de l'état indépendamment des caprices de la chambre.

Mais à tous les degrés , électifs ou éligibles , plus de serment électoral, plus d'autre serment que celui de bien et loyalement servir son pays dans les fonctions que l'on va occuper. Placer l'exercice des droits politiques sous la condition du serment, c'est gêner une opinion si on croit à sa valeur , c'est mauvaise foi si on le regarde comme une forme sans conséquence.

www.ingramcontent.com/pod-product-compliance
Lightning Source LLC
Chambersburg PA
CBHW072030290326
41934CB00010BA/2523